Reinhard Abeln / Anton Kner

Freu dich an Gottes Welt!

Ein paar Tips für die Ferien

Hans-Herbert Mönnig Verlag · Iserlohn

Inhalt

Statt eines Vorworts

Siehst du nicht,
Mensch, daß dieses ganze Haus der Welt
für dich gemacht wurde?
Das Licht geht in dich ein
und vertreibt die Finsternis,
die dich umgibt.
Für dein Wohl
wurde die Nacht eingeführt,
für dich der Tag bemessen,
für dich der Himmel erhellt –
mit vielfältigen Strahlen
von Sonne, Mond und Sternen.
Für dich wurde die Erde ausgemalt
mit Blumen, Bäumen und Früchten,
für dich wurden die Lebewesen geschaffen –
in der Luft,
auf dem Felde,
in Wald und Wasser,
damit nicht Traurigkeit dich umgebe,
damit Du Freuden habest
an der neugeschaffenen Welt ...

Petrus Chrysologus

Im Sinne dieses Wortes des berühmten italienischen Kirchenlehrers, Bischofs und Kanzelredners Petrus Chrysologus (um 380–450) wünschen wir Ihnen, liebe Leser, schöne und erholsame Ferien, vor allem viel Freude an allem, was Gott in dieser schönen Welt für Sie geschaffen hat!

Reinhard Abeln / Anton Kner

I. Heraus aus dem Alltag

Wann Sie dieses Jahr Ferien machen, wissen wir nicht. (Wir – das sind die Verfasser dieser Schrift.) Aber sicherlich sind auch Sie urlaubsreif. Liebe Bekannte und nicht wenige Einrichtungen bemühen sich, Ihnen mit und ohne bebilderte Prospekte diskutable Vorschläge zu machen.

Sie möchten auf alle Fälle heraus aus Ihrem Alltag, andere Tapeten sehen, in die Stille gehen, möglichst an einen Ort, der nicht so überlaufen ist. Daß Sie auch einmal das „andere Leben" wieder verkosten, ist wichtig, lebenswichtig.

In der Nähe von Kur- und Badeorten ist das Hupen verboten. Die Nerven sollen geschont werden. Gut so! Aber Sie brauchen „mehr". Der Mensch braucht, um Mensch zu bleiben, immer wieder den *Durchbruch* durch das bloß Brauchbare, Banale, Alltägliche, Rentable und Nützliche!

Das hat uns einmal Papst Pius XII. (1876–1958) vor einem Kreis von verantwortlichen Persönlichkeiten des öffentlichen Lebens sehr eindringlich gesagt. Um fünfzig herum, sagte er, würden so viele plötzlich vom Tod hinweggerafft, also in einer Zeit, wo sie auf der Höhe des Lebens aus einem großen Schatz von Erfahrungen Kostbares zu bieten hätten.

„Kommt hierher an einen stillen Ort!"

Kein Geringerer als Gott selbst hat auch für Sie jede Woche einen Tag ausgespart, den Sonntag. Diesen Tag hat wahrhaftig Gott gemacht, als Tag der *Freude* und der *Ruhe*.

Dieser Gott hat seinen Sohn zu uns geschickt. Zwar hat der Herr keine Ferienpredigten gehalten, aber seine Taten sind Worte, sagt der Kirchenlehrer Augustinus (354–430). Der Meister war feinfühlig; er merkte gleich, wenn seine Jünger nicht mehr ganz bei der Sache waren.

Als einmal der „Parteienverkehr" zu stark war, daß die Jüngerschar kaum Zeit zum Essen fand, hat er kurzerhand Ferien verordnet: „Kommt hierher, ihr allein, an einen *stillen Ort* und ruhet euch ein wenig aus" (Mk 6,31)!

Das sagt derselbe, der bitter klagen mußte: „Die Ernte ist groß, aber der Arbeiter sind wenige" (Mt 9,37). Trotzdem führt er die wenigen heraus aus dem Betrieb und will, daß sie zur Ruhe kommen: „Ihr allein!" Sie sollen sich lösen können von den Menschen.

Jeder Mensch kostet Kraft und will verkraftet sein. Es gibt Ehefrauen, die ihren Gatten gelegentlich allein in Ferien schicken; und sie sagen, daß sie dabei gar nicht schlecht fahren. Die Zuneigung wird, wenn man sich lange nicht mehr gesehen hat, ein wenig aufgefrischt; jedenfalls beschenkt man den anderen mit der Freude des Wiedersehens.

„Ferien vom anderen" soll nicht heißen, daß Sie „keinen Menschen mehr sehen wollen". Einsamkeit ist gut, aber auch sie will gemeistert sein.

Christus war teils allein – zum Beispiel auf dem Berg oder in seinem Boot auf dem See –, teils bei den Zwölfen, oft aber hat er „seine Drei" mitgenommen – wahrscheinlich nicht zur Erbauung der anderen neun!

Suchen Sie sich Ihre Begleitung sorgfältig heraus! Nicht jeder hat das Format des Verfassers der „Ente seiner Eminenz"; aber es müßten Menschen sein, die nicht dauernd ihren Schmerz genießen, die nicht ständig ihre Sorgen und Leiden vor Ihnen ausbreiten, die nicht immerzu klagen und jammern und sich in dieser Haltung gefallen.

Wie man nicht heiratet, um einen jahrzehntelangen „Opfergang" zu machen, so soll man sich auch nicht ausgerechnet in den paar Urlaubswochen die strapaziösesten Zeitgenossen heraussuchen. Menschen können anstrengend sein. Vornehme, weise *Zurückhaltung* hat nichts zu tun mit liebloser Reserviertheit!

Vielleicht werden Ihnen im Urlaub auch Menschen in die Hände gespielt, denen gerade Sie und Sie allein etwas bedeuten. Seien Sie für diese da, wobei die Selbstliebe das Maß der Nächstenliebe ist!

Im Herzen Gottes hat vieles Platz

Nun planen Sie gut! Der wichtigste Wunsch, den wir Ihnen in die Ferien mitgeben, ist nicht bloß, daß Sie wieder gesund und gerne zurückkehren, sondern daß Sie Ihre eigene Unruhe in die *Ruhe* Gottes, Ihren Kummer in seinem *Frieden* bergen. Im Herzen Gottes hat vieles Platz, wofür unser eigenes Herz zu eng ist.

Jacques Loew, der französische Arbeiterpriester, hat einmal geschrieben: „Gott begegnet uns ständig wie eine Straße, wie ein Buch, wie ein Freund. Die Straße, die zu ihm führt, ist die Natur, das Buch, das von ihm erzählt, ist die Bibel, der Freund, der zu uns in der Intimität von Herz zu Herz spricht, das ist Gott selbst."

Bevor Sie aber heimkehren, überlegen Sie sich, was Sie besser, anders, einfacher machen können. Der Teufel kommt oft in Gestalt eines Engels und möchte Ihnen plausibel machen, daß Sie alles, hunderterlei gute Dinge auf einmal, gleichzeitig tun müssen, weil alles gleich wichtig sei.

Das ist gefährlich! Wir wünschen Ihnen, daß Sie nicht nur in eine lärmfreie Zone geraten, sondern in das Haus des Vaters, in dem auch für Sie eine Wohnung bereitet ist.

All das Schöne, das Sie unter lieben Menschen, in Feld und Wald, auf Bergen und in stillen Tälern erfahren, dürfen Sie als bescheidenen Vorgeschmack der *ewigen Ferien* bei Gott empfinden. In solcher Haltung werden Sie innerlich frisch und jung.

Wie recht hat Phil Bosmans, der Antwerpener Telefonseelsorger und Lebensberater, wenn er schreibt: „In jeder Blume, die blüht, sagt Gott, daß er mich gern hat. In jedem Vogel, der singt, höre ich seine Liebe, und in jeder Hand, die mich stützt, spüre ich seine Sorge um mich."

Frieden mit Gott

Wenn wir Gott gefunden haben, bleibt in unserem Leben – einschließlich seiner profanen Bezirke – kein Stein auf dem anderen: Menschen, die uns begegnen, Landschaften, durch die wir fahren, Pechsträhnen und Kümmernisse, die uns treffen, aber auch die Sternstunden unseres Lebens, wo uns Glück und Wonne fast zersprengen – es gibt nichts, worauf nicht ein ganz neues Licht fiele, wenn uns das Glück des Glaubens zuteil wird und wenn der Hintergrund unseres Lebens beruhigt ist, weil wir den Frieden mit Gott gefunden haben.

Helmut Thielicke, ev. Theologe (1908–1986)

II. Von der Kunst, Ferien zu machen

Viele werden erholsame Tage und Wochen erleben, andere haben schlechtes Wetter oder haben es nicht so angetroffen, wie sie es sich ausgedacht haben. Sie müssen sich von ihren Ferien erholen und fangen müde, unfroh wieder an. Man hat ihnen „Tapetenwechsel" angeraten, aber sie sind enttäuscht.

Ferien zu machen ist eine Kunst, erfordert kluge Planung und vor allem „Glück", das heißt eine Reihe freundlicher Fügungen. Niemand vermag beim Packen zu sagen, ob es auch „gute, schöne, erholsame Wochen" werden.

Entscheidend ist die Überzeugung: Es *muß* sein! Manche fühlen sich ihrem Beruf so verpflichtet, daß sie ein schlechtes Gewissen haben, wenn sie einmal gar nichts tun. Der Mensch sei zum Arbeiten da, sagen sie, man dürfe keine Zeit verlieren.

Ein Südseehäuptling erzählt nach einer Europareise seinem Volk dieses: „Es gibt in Europa kaum Menschen, die wirklich Zeit haben. Die meisten rennen durchs Leben wie ein geworfener Stein. Fast alle sehen im Gehen zu Boden und schleudern die Arme weit von sich, um möglichst schnell voranzukommen. Wenn man sie anhält, rufen sie unwillig: ,Was mußt du mich stören? Ich habe keine Zeit!' Sie tun gerade so, als ob ein

Mensch, der schnell geht, mehr wert sei und tapferer als der, welcher langsam geht."

Zeit sei Geld, sagen viele Menschen. Unaufhörlich beschäftigt, sausen sie durch den Tag, haben fortwährend etwas zu „erledigen", suchen zwei, drei Dinge auf einmal zu tun, sind immer *angespannt, eingespannt,* und werden mit der Zeit *„überspannt"*.

Viele Menschen schlafen schlecht, tun das „Hinterste vor dem Vordersten", müssen sich x-mal entschuldigen. Man kennt sie an ihrem harten Auftreten und an ihren eckigen Bewegungen. Sie sind nie gelöst, heiter und froh. Jede Stunde des Tages fällt ihrer vorausplanenden Rechnung zum Opfer. Ein Maximum an Erfolg, Leistung und Vergnügen gilt es herauszuholen. Kein Augenblick darf vergeudet werden, jede Minute ist wichtig.

Eine kleine Begebenheit schildert den „Unsinn" dieser sich heute immer mehr ausbreitenden Hetze: Eines Tages kam ein chinesischer Professor nach Berlin. Sein deutscher Kollege holte ihn vom Zug ab. Als sie auf den großen Bahnhofsvorplatz traten, sah der Deutsche den Bus an der Haltestelle. Schnell ergriff er die Hand des Chinesen. „Kommen Sie rasch!" rief er ihm zu. Die beiden liefen hastig über den Platz und stiegen eilig in den Bus, der sich – kaum daß sie drinnen waren – in Bewegung setzte. Aufatmend schaute der Deutsche auf die Uhr und sagte: „Gott sei Dank! Jetzt haben wir *fünf*

Minuten gewonnen!" Der Chinese aber fragte ihn mit sanfter Stimme: „Und was machen wir mit diesen fünf Minuten?"

Ebbe und Flut

Unser Lebenslauf gleicht keiner Geraden! Er ist ein ständiges Auf und Ab. Alles wechselt miteinander, Sonnenschein und Regen, Sturm und Stille, es gibt Ebbe und Flut, Hoch und Tief, auch in unserer Gemütslage. Bald könnte man „Bäume herausreißen", arbeiten für zwei, bald ist man „fertig", es geht einem nichts mehr von der Hand.

Man kann nicht so tun, als ob es diesen Rhythmus gar nicht gäbe. Auf die *Anspannung* muß die *Entspannung* folgen. Dies zu wissen ist der erste Schritt zu wirklichen Ferien. Der Begabteste kann erbarmungslos verkümmern, wenn bei allem, was er in die Hand nimmt, etwas herausschauen muß.

Eine Legende erzählt, daß der alte Apostel Johannes gern mit seinem zahmen Rebhuhn spielte. Eines Tages kam ein Jäger zu ihm. Er wunderte sich, daß Johannes, ein so angesehener Mann, spielte. Er hätte doch in der Zeit viel Gutes und Wichtiges tun können. Deshalb fragte er: „Warum vertust du deine Zeit mit Spielen? Warum wendest du deine Aufmerksamkeit einem nutzlosen Tier zu?"

Johannes schaute ihn verwundert an. Warum sollte er nicht spielen? Warum verstand der Jäger ihn nicht? Er sagte deshalb zu ihm: „Weshalb ist der Bogen in deiner Hand nicht gespannt?" – „Das darf man nicht", gab der Jäger zur Antwort. „Der Bogen verliert seine Spannkraft, wenn er immer gespannt ist. Wenn ich dann einen Pfeil abschießen will, hat er keine Kraft mehr."

Johannes antwortete: „Junger Mann, so wie du deinen Bogen immer wieder entspannst, so mußt du dich selbst auch immer wieder entspannen und erholen. Wenn ich mich nicht entspanne und einfach spiele, dann habe ich keine Kraft mehr für eine große Anspannung, dann fehlt mir die Kraft, das zu tun, was notwendig ist und den ganzen Einsatz meiner Kräfte fordert."

Auf was freuen Sie sich am meisten? Die Frage kommt etwas unvermittelt. Man hat heute oft keine Zeit, sich mit solchen Problemen zu belasten. Es ist bedenklich, wenn man sich am Ende auf gar nichts mehr freuen kann. Das Leben wäre dann nicht bloß wechselnd bewölkt, sondern wird mit der Zeit unerträglich, man wird gelebt und „vegetiert".

Freude ist nicht dasselbe wie Lustigsein. Die Lustigsten sind oft am wenigsten von Herzen froh. Es geht hier um eine echte Gleichgewichtslage des Gemütes. Ferien sind gelungen, wenn das Auge *hell* und das Herz *froh* geworden ist.

Mutter Teresa, die berühmte Ordensschwester aus Kalkutta, definiert Freude so: „Freude ist Gebet, Freude ist Stärke, Freude ist Liebe. Gott liebt den fröhlichen Geber. Am meisten gibt, wer mit Freude gibt. Die beste Weise, Gott und den Menschen unsere Dankbarkeit zu zeigen, ist, alles mit Freude anzunehmen. Ein fröhliches Herz ist in der Regel das Ergebnis eines Herzens, das vor Liebe brennt."

Tun Sie, was Sie gerne tun!

Wer gern wandert, soll wandern; wer gern schwimmt, soll schwimmen; wer lieber spielt, soll spielen. Und das alles ohne Zeitdruck! „Dem Glücklichen schlägt keine Stunde", sagt eine Redensart. Freilich – Spiel und Spiel ist nicht dasselbe. Nur wer sich loslassen kann, vermag auch richtig zu spielen. Wer spielt, muß sich in der Hand haben. Sonst kann er in das Spiel nicht einsteigen. Wer sich zu wichtig nimmt, von Sorgen, Anliegen gefangen ist, kann nicht spielen. Wie sagt doch der Fuchs in „Der kleine Prinz" von Antoine de Saint-Exupéry: „Ich kann nicht mit dir spielen, ich bin noch nicht gezähmt."

Was nicht in der Mitte aufgehängt ist ...

Was würde Sie am meisten stärken, wenn jetzt irgend etwas Schweres in Ihr Leben hereinbräche? Es ist eine Binsenwahrheit, daß die Dinge schief hängen, wenn man sie nicht in der Mitte aufhängt. Wer in einem schwankenden Boot nicht genau in der Mitte steht, bringt das Boot zum Kippen, stürzt ins Wasser und ertrinkt, wenn er nicht schwimmen kann.

Das sind Gesetze, die wir nicht machen, sondern vorfinden. Der Mensch ist nicht sich selbst die Mitte – seine Mitte ist *Gott*, der dreipersönliche Gott, sein Wort, sein Werk. In geruhsamen Zeiten kann der Mensch sich außerhalb der Mitte bewegen – sein wirklicher Standort wird erst in kritischen Situationen offenbar.

Johannes Tauler (1300–1361), der deutsche Mystiker und gedankentiefe Prediger, drückt dies so aus: „Wohin der Mensch geht, was er tut, er hat keine Sicherheit, keine Gewißheit, sobald er Gott nicht in sich hat. Hat der Mensch sich aber vorgesehen und die Burg gut besetzt, so können die Feinde sie nicht einnehmen."

Das Wort „Vater" – Liebe – die Wiederkunft Christi – die Auferstehung von den Toten – bestimmte Kapitel in der Geheimen Offenbarung – Worte Christi aus der Leidensgeschichte – Aussagen großer geistiger und religiöser Persönlichkeiten – können einen Menschen

derart „trefffen", daß sie ihre *Mitte*, ihr „Geheimnis"
gefunden haben.

Aber wie findet man dieses „Geheimnis"? Ein moderner
Philosoph meinte, der Mangel an Ruhe sei der Anfang
der Barbarei. Wir werden wieder betrachten, schauen,
meditieren lernen müssen. „Fehler entstehen durch
Hast", sagt ein chinesisches Sprichwort. „Deshalb tue
nie etwas in Unruhe!"

Güte bewahrt vor Erstarrung

Ein letzter Schritt heißt: *gütig sein.* „Ich denke Tag und
Nacht daran, wie ich den Menschen helfen kann", war
auf einem Schreibtisch zu lesen. Die herzliche Güte
entgiftet nicht bloß, sondern bewahrt vor Erstarrung.

Der Schriftsteller Richard Benz (1884–1966) schreibt:
„Es gibt wohl nichts, was der heutigen Menschheit dring-
licher ins Gedächtnis zu rufen wäre als das höchste Maß
des Menschen, die Güte. Wohl wird ihre letzte Vollendung
selten erreicht werden. Aber an den Nebenmenschen
überhaupt zu denken, zu versuchen, in ihn sich einzu-
fühlen, auch sein Abweichendes zu verstehen, zu dulden –
dazu kann man sich erziehen, kann man sich bilden."

Ähnlich treffend sagt es Papst Johannes XXIII. (1881–1963):
„Es gibt nichts Besseres als die Güte. Der menschliche

Geist kennt durchaus andere hervorragende Gaben, aber keine von ihnen ist vergleichbar der Güte. Sie spiegelt das eigentliche Wesen des menschgewordenen Sohnes Gottes und dessen, was er uns gelehrt und vorgelebt hat, wieder, nämlich die Ausübung der brüderlichen Liebe und der Geduld, die Beständigkeit des Mitgefühls, des Erduldens, der Beherrschung des eigenen Charakters und des disziplinierten Verhaltens in den Beziehungen des gesellschaftlichen Lebens. Sind wir von der Güte durchdrungen, so werden wir im Leben mit größerer Sicherheit dahinschreiten und Not und Elend unseres Erdenlebens besser überwinden."

Die Krönung der Güte ist wohl das gegenseitige *Verzeihen.* In den Ferien, abseits vom Trubel, sehen die Dinge ein wenig anders aus. Glücklich, wer sich dabei den gesunden Humor des bekannten evangelischen Pfarrers Flattich bewahrt hat!

Auf dem Gang durch seine Gemeinde hörte er durch das offene Fenster hindurch, wie über seine Person geschimpft wurde. Er ging nach Hause und hieß die Pfarrmagd, gleich einen Laib Brot und eine Schüssel Mehl in das Lästerhaus zu bringen und auszurichten, das sei der Wäscherlohn.

Die überraschte Frau erschien alsbald im Pfarrhaus: Da müsse ein Mißverständnis vorliegen, sie habe für die Pfarrersfamilie nicht gewaschen, darum stehe ihr auch

kein Lohn zu. Da erwiderte Pfarrer Flattich: „Doch,
doch, denn ich bin in meinem Leben noch nie so gewaschen worden wie vor einer Stunde von euch und eurer
Nachbarin."

Diese Begebenheit erinnert an ein – schon vor über
1500 Jahren gesprochenes – Wort des heiligen Augustinus: „Heiterer Sinn stärkt das Herz!"

Ein fröhliches Herz

Humor ist keine Gabe des Geistes, er ist
eine Gabe des Herzens.

Sprichwort

Gott sei Dank, daß der Spaß nicht totzu-
kriegen ist in dieser so sehr mürrischen
Welt.

Wilhelm Raabe

Das Lachen erhält uns vernünftiger als
der Verdruß.

Gotthold Ephraim Lessing

Kein Mensch taugt ohne Freude.

Walter von der Vogelweide

Freudigkeit ist die Mutter aller Tugenden.

Johann Wolfgang von Goethe

Heiterer Sinn stärkt das Herz und macht uns beharrlich im Guten.

Philipp Neri

Humor ist der Schwimmgürtel auf dem Strom des Lebens.

Spruchweisheit

Heiterkeit ist weder Tändelei noch Selbstgefälligkeit; sie ist die höchste Erkenntnis und Liebe.

Hermann Hesse

Das wichtigste Stück des Reisegepäcks ist und bleibt ein fröhliches Herz.

Hermann Löns

Nur dem Fröhlichen blüht der Baum des Lebens.

Ernst Moritz Arndt

III. Ferien vom ich – Ferien zum Ich

Reisebüros, bestens aufgemachte Prospekte, Zeitungen und Illustrierte bieten sich als Ferienberater an. Bald sieht es so aus, als gäbe es eine eigene Ferienwissenschaft. Die Kirche steht nicht abseits. Sie wünscht Ferien vom Ich.

Jeder weiß, was damit gemeint ist. Das schönste Fleckchen der Welt, in Mallorca oder Sardinien, am Wörther See oder in den Bergen, strahlender Sonnenschein und ein dicker Geldbeutel nützen auf die Dauer nichts, falls es mißlingt, Ferien vom Ich zu machen, sich von sich selbst zu verabschieden und *Abstand* zu gewinnen von dem, was einen während des Jahres bedrückt.

Abschalten ist eine Kunst

Dieses vielgenannte „Abschalten" ist keine einfache Sache. Menschenkenner sagen, daß man im allgemeinen mindestens acht Tage braucht, bis man „weg" ist. Die Vergangenheit ist nicht vergangen, wenn sie vorbei ist. Sie sinkt hinab ins unterbewußte Seelenleben und meldet sich nach geheimnisvollen Gesetzen wieder im Licht des Bewußtseins.

Wie viele möchten vergessen, aber können es nicht! Während des Jahres kann man sich in die Arbeit flüchten. In der Ruhe ist man sich selbst ausgeliefert. Wie können eine Enttäuschung, ein Mißerfolg, eine Niederlage und Zurücksetzung, eine Schuld aus längst vergangenen Tagen, x-mal bereut und x-mal bekannt, einen Menschen seelisch zermürben!

Schuld macht ratlos. Im Dunkel des Unausgesprochenen vergiftet sie den Menschen. Manchmal hat ein gutes Gespräch, in aller Offenheit geführt, weitergeholfen. Einiges wird entschärft, anderes wird richtiggestellt, etliches wird vergessen, vergeben, verziehen.

Abschalten – dafür gibt es keine Technik; auch sedierende (beruhigende) Medikamente schlagen nicht an. Abschalten ist eine *Kunst,* die gelernt sein will. Der Mensch kann nie nichts denken! Er muß, wenn er nicht nur existieren oder vegetieren will, in etwas, in jemand ruhen.

Dieses „Etwas", dieser „Jemand" muß stärker und beglückender sein als das, was ihn bisher plagte. So wichtig wie Geldbeutel, Wäsche, Proviant und Badeanzug ist die präzise Antwort auf die konkrete Frage: Was macht mich froh, auch in der dunkelsten Stunde? Was läßt mich lächeln, selbst unter Tränen? Was bleibt, wenn ich alles verliere? Zu wem kann ich gehen, wenn alles schiefgeht? Welches ist der „Schatz", bei dem mein Herz ist (vgl. Mt 6,21)? Worin sehe ich den besonderen Lebensauftrag?

Diese Antworten freilich wollen *wachsen*. Alles Wachsen aber geschieht in der Stille, vielleicht auf einem einsamen Waldweg, an einem stillen Abend, am See, auf einer Alm, an einem regnerischen Sonntagnachmittag, nach einem Konzert oder einer schmerzlichen Enttäuschung.

Alois Schrott schreibt: „Mit dem Vielerlei, das man täglich liest und hört, kann man gar nicht fertig werden, wenn man nicht immer wieder in der Stille seinen eigenen Standpunkt im Wirrwarr der Meinungen überprüft, wenn man nicht selbst die Unterscheidung zwischen richtig und falsch, wichtig und unwichtig findet. Nur in der Stille reifen eigene Gedanken und Überzeugungen. Gerade die letzten und tiefsten Entscheidungen des Lebens kann und muß der Mensch in der Stille finden und fällen."

Keine „sperrigen Güter" mitnehmen!

Nehmen Sie keine „sperrigen Güter" mit
in die Ferien!
„Sperrige Güter" sind nicht nur sehr
hinderlich und schwer zu transportieren;
sie sind einem dauernd im Weg.
Man stößt sich an ihnen und wünscht
sie bisweilen weiß Gott wohin.
Oft möchte man sie loswerden, aber
es will nicht gelingen.
Eine besonders schlimme Sorte sind die
„sperrigen Güter", die man nicht sieht
und vor anderen versteckt: schlimme
Erlebnisse, die einen an den Urlaubsort
begleiten, Spannungen, Konflikte, Ängste,
Zwänge, schuldhafte Tatbestände.
Letztere wollen mit dem Menschen allein
sein, entziehen ihn der Gemeinschaft.
Je einsamer aber der Mensch wird,
je tiefer die Verstrickung ist,
desto heilloser ist die Einsamkeit.

Lust ist kein Luxus

Wichtiger noch als Ferien *vom* Ich sind die Ferien *zum* Ich. „Er hat sich wieder ‚gefangen' – sie hat sich wieder in der Hand – er ist sehr ruhig geworden – sie ist nicht mehr so zappelig und nervös – er hat die Ruhe weg" – so hören wir manchmal.

Derlei Menschen haben zu sich selbst zurückgefunden. Sie sind sich selber nicht mehr zur Last und „mögen" sich wieder. Der Weg dorthin? Jeder muß seinen eigenen gehen.

Vielleicht kennen Sie das berühmte Buch von J. T. A. Robinson: „Honest to God" oder „Gott ist anders" (München 1965). In diesem Buch sagt Robinson von Gott, daß er immer neue Gelegenheiten suche, den Menschen zu lieben, ja, daß er selig ist, den Menschen zu überraschen.

Gott ist laut Robinson keine Idee, kein kühler Rechner, Buchhalter oder Aufpasser, kein „Gott an sich". Gott ist ein ganz bestimmter, „konkreter" Gott: der Gott Abrahams, Isaaks und Jakobs – der Vater unseres Herrn Jesus Christus – der Vater der Barmherzigkeit und der Gott allen Trostes. Gott ist „vita vitarum" (Augustinus), lebendigstes Leben, unendliche Freude.

Gott ist Lust, unendliche Lust. Er will, daß der Mensch an seiner ewigen, unendlichen Lust teilhabe. Einen kleinen Vorgeschmack dieser seiner Lust gibt er uns in seiner *Schöpfung.* Da will er uns überraschen.

Thomas Merton, amerikanischer Geistlicher und Schriftsteller, schreibt: „Die Natur war den Menschen gegeben worden als ein klares Fenster, durch das Gottes Licht in die Menschenseele einfallen konnte."

Blumen, Sträucher und Bäume, das Gezwitscher der Vögel, Bach und Berg, das Antlitz eines Kindes und das schmackhafte Brot – all das ist geschaffen zu unserer Freude, zu unseren Ferien, zu seinem Lob. Weil wir von Gott sind und zu Gott hin geschaffen sind, aus der Lust und für die Lust, kann es sich niemand leisten, lustlos zu leben.

„Lust ist kein Luxus", sagt Alfons Kirchgässner. Wer freilich eine „Mattscheibe" vor den Augen hat, sieht nichts. Wer selber finster ist, dem „schmecken" die Dinge nicht, wie die mittelalterlichen Mystiker sagen; er verfinstert Gottes schöne Welt. Auch da gilt das Wort Christi: „Die reinen Herzens sind, werden Gott schauen" (Mt 5,8).

Mit Freude, Dankbarkeit und voller Ehrfurcht sollten wir Gottes wunderbare Welt wieder „sehen" lernen. Der Theologe und Schriftsteller Christoph von Schmid (1768–1854) wanderte einmal durch die Felder, auf denen das Getreide reifte. Da begegnete er einem Bauern, der in der glühenden Sonne ohne Hut ging. Auf die

Empfehlung des Priesters, den Hut doch aufzusetzen, entgegnete der Bauer: „Wenn ich durch meine reifenden Felder gehe, setze ich den Hut nicht auf, weil man *Ehrfurcht* haben muß vor dem geheimnisvollen Walten und Wirken Gottes, das sich da still vollzieht."

Mahatma Gandhi (1869–1948), der bedeutendste Führer der indischen Freiheitsbewegung, faßt das Gesagte mit einem Satz zusammen: „Wenn ich das Wunder eines Sonnenuntergangs oder die Schönheit des Mondes bewundere, so weitet sich meine Seele in der Ehrfurcht vor dem Schöpfer."

Die Initialen Gottes

Alle Tiere, die im Morgengrauen ihre
Stimme erheben, singen Gott.
Die Vulkane und die Wolken und die
Bäume schreien uns von Gott.
Die ganze Schöpfung schreit uns
durchdringend – von der Größe
und Schönheit und Liebe Gottes ...
In der gesamten Natur finden wir die
Initialen Gottes, und alle erschaffenen
Wesen sind Liebesbriefe Gottes an uns ...

Ernesto Cardenal

Stille und Gespräch

Stille – das ist der nächste Schritt zu Ferien zum Ich. Vielleicht finden Sie, liebe Leser, einen Platz, wo es weder Postkarten gibt noch Seilbahn oder Sessellift; wo Sie etwas mehr meditieren (und etwas weniger diskutieren) können.

Die Erfahrung der Stille hilft dem Menschen, sich wieder selbst zu sehen, sich selbst neu zu entdecken. Zu einem einsamen Mönch, erzählt eine Legende, kamen eines Tages Menschen. Sie fragten ihn: „Was für einen Sinn siehst du in deinem Leben der Stille?" Der Mönch war eben beschäftigt mit dem Schöpfen von Wasser aus einer tiefen Zisterne. Er sprach zu seinen Besuchern: „Schaut in die Zisterne! Was seht ihr?"

Die Leute blickten in die tiefe Zisterne. „Wir sehen nichts." Nach einer kurzen Weile forderte der Einsiedler die Leute wieder auf: „Schaut in die Zisterne! Was seht ihr?" Die Leute blickten wieder hinunter. „Ja, jetzt sehen wir uns selber!"

Der Mönch sprach: „Schaut, als ich vorhin Wasser schöpfte, war das Wasser unruhig. Jetzt ist das Wasser ruhig. Das ist die Erfahrung der Stille: Man sieht sich selber!"

Wer die Stille finden will, findet sie. Freilich, die *äußere* Stille nützt nichts ohne die *innere*. Diese ist schwieriger zu erreichen als die erstere. Sie ist die Frucht der Gelassenheit, ganz im Sinne der Schriftstellerin und Bildhauerin Ruth Schaumann (1899–1975), die in einem ihrer Gedichte (Quelle unbekannt) sagt:

> „Und wenn der Himmel regnen will,
> so weiß er, was er tut,
> er spielt ein großes Gnadenspiel
> mit seiner warmen Flut.
> Er läßt die Läublein sprießen
> auf Bergen und auf Wiesen.
>
> Und wenn der Himmel Schmerzen gibt,
> so ist es recht und gut,
> ich weiß, daß er mich dennoch liebt
> und habe frohen Mut.
> Es wird mir wohl gedeihen
> wie Regenflut im Maien.
>
> Und wenn die Gänslein barfuß gehn,
> so hat es Gott gewollt,
> und muß ich als ihr Hirte stehn,
> so hab ich es gesollt.
> So will ich auf dem Rasen
> der Freude Flöte blasen."

Gott bewahre Sie vor Menschen, die sich wie Kletten an Sie hängen, die Sie nie allein lassen, Sie geradezu aussaugen, die sprechen wie zwei Bücher und Dinge sagen, die man normalerweise nur dem Internisten, dem Frauenarzt, dem Psychotherapeuten oder dem Psychiater erzählt!

Wie wäre es, wenn Sie in den Ferien gelegentlich am Waldesrand, in einem Wiesental, in einer stillen Dorfkirche im Neuen Testament blättern oder ein Gedicht meditieren wollten? „Nährende" Worte sind so notwendig wie das *Wasser* zum Kochen und der *Zündschlüssel* für den Autofahrer.

Reinhard Johannes Sorge (1892–1916), der zahlreiche religiöse Dramen (z. B. „Der Bettler") geschaffen hat, sagt: „Die wenigsten Worte finden keinen Nährboden. An uns liegt es, mit klugem Blick stets das Erdreich wie den Samen zu prüfen."

Gespräch – das ist der letzte Schritt auf dem Weg zu Ferien zum Ich. Stille ist nicht dasselbe wie fehlender Lärm. Es ist eine erfüllte Stille, gefüllt mit Gespräch. Ein gutes Gespräch ist ein kostbares Geschenk, aber Geschenke lassen sich nicht erzwingen.

„Im Gespräch beginnt das gemeinsame Leben", schreibt Paul Schütz. „So lange man noch miteinander spricht, kann vorhandenes Mißtrauen ausgeräumt werden, kann neues Vertrauen entstehen und altes sich stärken. Will man einander wohl, so zeigt man das einander, indem man miteinander spricht, indem man im Gespräch auch das Wort des anderen entgegenzunehmen bereit ist."

Das gilt auch für das Gespräch mit Gott. Jeder von uns, ob wir einen VW fahren oder einen Mercedes oder zu den vielleicht glücklicheren Nichtbesitzern eines Wagens gehören – wir sind alle auf ein Du hin entworfen. Es ist das Du des lebendigen Gottes, dem unser Schicksal sehr nahegeht, der immer für uns zu sprechen ist.

Dieser Gott, unaussprechlich und geheimnisvoll, ist uns aufgeleuchtet in seinem Sohn Jesus Christus. Vor ihm dürfen Sie sich geben, wie es Ihnen ums Herz ist. Sind Sie traurig, dann brauchen Sie Ihre Traurigkeit vor ihm nicht zu verbergen. Wenn Sie fröhlich sind, dann sollen Sie ihn Ihre Freude wissen lassen. Haben Sie keine Worte, dann greifen Sie zu den Psalmen. „Die großen Dinge des Daseins werden nur den *betenden Geistern* geschenkt", sagt der Philosoph Peter Wust (1884–1940).

Und wenn Sie nicht beten können, dann tun Sie nicht nichts! Vielleicht hören Sie eine Predigt aus Ihrem Kofferradio oder blättern in einem Buch, betrachten ein Bild oder setzen sich in eine stille Dorfkirche.

Sie können aber auch in Ruhe über ein tiefsinniges Wort des französischen Kanzelredners Dominique Lacordaire (1802–1861) nachdenken. Er hat einmal gesagt: „Man muß die schrankenlose, unbegrenzte Gewißheit haben, daß das, was von Gott kommt, das *Bessere* ist, selbst dann, wenn es vom menschlichen Standpunkt aus als das *Schlechtere* erscheint. Ich habe dies oftmals in meinem Leben gesehen, und ich habe mir aus dieser Erfahrung eine Hingabe ohne Maß an den Willen Gottes erworben, die heute meine Stärke bedeutet."

Ihnen, die Sie vielleicht schon die ersten Ferientage hinter sich haben, aber auch den anderen, den Zurückbleibenden, nicht zuletzt den vielen Kranken und natürlich auch den Krankenschwestern, wünschen wir in diesem Sinn Ferien vom Ich – Ferien zum Ich, damit möglichst viele bald wieder ehrlich sagen können: „Ich lebe wieder lieber …"

Die Saat wächst

Im Markus-Evangelium (4,26–34) steht das Gleichnis von der still wachsenden Saat. Es paßt ausgezeichnet für Leute, die mit Kummer, Sorgen und Terminen mehr als genug geplagt sind.
Da ist ein Mann, der seinen Acker bestellt hat. Die Saat ist beendet. Dann geht er weg, legt sich abends zu Bett, steht morgens wieder auf, besucht Freunde und Bekannte in der Stadt, ist auf Reisen, und während er all dies tut, wächst die Saat. Vielleicht hat er sich oft verspekuliert und schmerzhaft erfahren, wie weit er kommt mit all seiner Aktivität. Aber – die Saat wächst. Wie tröstlich! Dieses Wissen macht still, heiter und gelassen.

IV. Nach dem Urlaub

Die ersten Wochen nach dem Urlaub sind für viele eine kritische Zeit. Der Übergang von der Passivität in die Aktivität, vom Nichtstun ins Geschäft, von der Freiheit in die Bindung, von der Liebhaberei zur Pflicht ist nicht leicht vollziehbar. Übersensible und labile Naturen tun sich dabei besonders schwer.

Manche scheinen am Ende ihres Urlaubs ein schlechtes Gewissen zu haben und meinen, *im Übereifer* alles hereinholen zu müssen, was sie in der Urlaubszeit versäumt zu haben glauben. Kein Wunder, daß der Erfolg des Urlaubs schon bald in Frage gestellt ist. Eingeweihte glauben sogar nachweisen zu können, daß die Selbstmordziffer nach dem Urlaub außergewöhnlich hoch ist.

Darum sind die Wochen nach dem Urlaub eine besondere Aufgabe. So sehr sie auch von Person zu Person verschieden sind, es lassen sich doch ein paar allgemeingültige Hinweise geben. Diese wären: vom kostbaren Schatz der Erinnerungen zehren – langsam an- und behutsam weiterfahren – dazu die richtige religiöse Einstellung.

Von Erinnerungen zehren

Wer hätte sie nicht – schöne Erinnerungen! Manche haben es sich leicht gemacht, haben fleißig fotografiert und setzen sich an den nun länger werdenden Abenden zusammen, um alles noch einmal zu erleben und durchzukosten.

Aber auch ohne die Gedächtnisstütze der Fotos und Tagebuchnotizen können Ferienerlebnisse *lebendig* bleiben. Man muß nur den Mut haben, die Augen zuzumachen, um für eine Viertelstunde bei sich selbst einzukehren. „Die Seele nährt sich von dem, worüber sie sich freut", heißt ein nachdenkenswertes Wort aus der Antike.

Fragen Sie sich doch: Wie war's in den drei bis vier Wochen? Welches war Ihr schönstes Erlebnis? Was möchten Sie keinesfalls missen? Welches Landschaftsbild, welcher Berg und welche Gesellschaft wurde Ihnen zu einem besonderen Geschenk?

Willi Hoffsümmer erzählt dazu diese Begebenheit: Es war im Herbst in den bayerischen Bergen. Im Tal lag eine dichte Nebeldecke. Eine Gruppe von Urlaubern aber wollte sich mit diesem Grau in Grau nicht zufriedengeben, sie wollte doch etwas erleben von der Schönheit der Alpenwelt. So stiegen sie den Berg hinan in der Hoffnung, daß doch bald die Sonne kommen und alles in ihrem goldenen Licht erstrahlen müßte. Doch eine Viertelstunde, eine halbe Stunde, mehr als eine Stunde verging: Im dunklen Bergwald und um die grauen Felswände herum erschienen die Wolkennebel nur noch dichter. Schließlich kam ihnen ein Einheimischer von oben her entgegen. Sie fragten ihn: „Sagen Sie, nimmt denn der Nebel gar kein Ende? Sollen wir weitersteigen, oder sollen wir umkehren?" Der Einheimische antwortete: „Ihr müßt bis zum Kreuz hinauf, dort ist alles hell." Und so war es wirklich: Am Gipfelkreuz war der Nebel zu Ende, fast wie abgeschnitten. Eine strahlende Sonne leuchtete von einem herrlich blauen Himmel, und rings im Kreis grüßten Berggipfel neben Berggipfel, wie zum Greifen nah. (Kurzgeschichten 3, Matthias-Grünewald-Verlag, Mainz 1987, S. 37)

Vielleicht können Sie sich an *bestimmte Gespräche* noch recht gut erinnern. Der eine oder andere hat erfahren dürfen, daß man ihn ernst nimmt, schätzt; er fühlte sich in seinem Wesen und Wert bestätigt, „angenommen". Das sind so kleine Aufmerksamkeiten, die uns Gott auf den Durststrecken unseres Daseins hin und wieder zukommen läßt.

Und wenn jemand keine schönen Erinnerungen hätte? „An meinem Tisch", erzählte jemand, „saß ein Gast, der jeden Tag mit einem griesgrämigen Gesicht in den Speisesaal kam und ihn ebenso verließ. Dieses Zusammensein war kein Genuß. Eines Tages kamen wir dann miteinander in ein längeres Gespräch. Er hatte schlecht geschlafen, träumte schreckliche Dinge. Man mußte kein Tiefenpsychologe sein, um das grausige Zeug zu deuten."

Da hat einfach ein Mensch weder sich selbst noch seine konkrete Situation angenommen. Er suchte das Nicht-

Angenommene zu verdrängen und befand sich auch im Traum von häßlichen Tieren verfolgt, pausenlos auf der Flucht und war am Morgen erschöpfter als am Abend zuvor.

Das soll heißen: Wenn wir keine schönen Erinnerungen haben, könnte das nicht an uns selbst liegen, daß wir das Schöne gar nicht sehen? Warum? Weil wir dauernd eine schwarz gefärbte Brille tragen. Jeder Mensch muß eben sein *eigenes Leben* leben. Lebt er ein anderes, gedachtes, künstlich erzwungenes, dann lebt er an sich vorbei; er lebt unwahr, nicht seine Wahrheit.

Auf jeden Fall, liebe Leser, wandern Sie bitte zurück und notieren Sie sich die Kostbarkeiten Ihres Urlaubs und lassen Sie sich einmal rückblickend von Gott und Menschen gern haben!

Langsam an- und behutsam weiterfahren

Es soll Leute geben, die nach dem Urlaub so „ins Geschirr" hineinfahren, daß man meinen könnte, morgen sei der Jüngste Tag, oder die Arbeit würde ihnen davonlaufen. Das tut sie nicht. Sie wartet, bis sie getan ist.

Wir sind nüchtern genug, um zu wissen, daß ein ganzer Berg Arbeit auf uns wartet: in der Familie, am Arbeitsplatz, am Herd und im Büro, in Sprechstunde und

Labor, in der Klinik und im Bus, in Krankenhaus und Pfarrgemeinde. Aber wir können diese Arbeit nur *nach und nach* tun, wenn wir nicht gleich wieder „urlaubsreif" sein wollen.

Marc Aurel (121–180) gibt uns diesen Rat: „Tue deine Arbeit, aber nicht wie eine seelenlose Maschine oder wie einer, der bemitleidet oder bewundert werden will, sondern wolle nur das eine: dich betätigen und stillhalten, wie es die Rücksicht auf die menschliche Gemeinschaft verlangt."

Was uns fertig macht, wird wie bisher nicht so sehr die Arbeit sein, sondern die Begleitmusik, die Begleiterscheinungen, zum Beispiel der unausstehliche Nachbar, der gar nicht merkt, wie sehr er sich in den Mittelpunkt stellt, Ehrgeiz und Eifersucht, Rücksichtslosigkeit und schlechte Laune, Mißverständnisse und Unverständnisse, Habsucht und Herrschsucht.

Von den letzteren sagt Adolf Kolping (1813–1865): „Wenn es irgendeine Leidenschaft gibt, welche die Menschen zu beherrschen strebt und alle Kräfte in ihrem Dienst anzuspornen imstande ist, dann ist es die *Habsucht* und, damit sehr leicht verbunden, die *Herrschsucht.* Gelten, herrschen und dominieren wollen um jeden Preis und mit allen Mitteln ist eines der verbreitetsten sozialen Laster, welches ein ganzes Gefolge von Leidenschaften hinter sich herzieht."

Es gibt äußere Wunden und innere; von letzteren wird im allgemeinen wenig geredet. Manche kann man heilen, etliche lassen sich lindern, viele werden erst im neuen Himmel und auf der neuen Erde geheilt.

Man täte sich einen schlechten Dienst, wollte man nach dem Urlaub den Berg auf einmal nehmen; man muß ihn buchstäblich in Millionen Teile zerkleinern. Alles der Reihe nach, das eine nach dem andern! „Gott hat den Menschen die Zeit gegeben", sagt ein finnisches Sprichwort, „aber von der Eile hat er nichts gesagt."

Im übrigen ist es eine alte Erfahrung: Manche Schwierigkeiten werden dadurch am besten gelöst, daß man gar nichts tut. Man muß das innere Gesetz der Dinge entdecken und vieles eben *reifen* lassen. Das setzt eine Portion Gelassenheit und Gottvertrauen voraus.

Es ist gut, daß wir keinen Tag auf einmal leben müssen, sondern jeden nur in winzigen Teilen zu meistern haben. Und wir gehen nicht fehl in der Annahme, daß uns Gott die Kraft, die wir um 17 Uhr brauchen, nicht auf Vorschuß bereits morgens beim Schuhanziehen gibt. Das gibt den Mut, „behutsam zu fahren".

Wie man es nicht machen darf, weiß uns eine alte Geschichte zu berichten: „Es lebte ein Mann, der war ein sehr tätiger Mann und konnte es nicht übers Herz bringen, eine Minute seines wichtigen Lebens ungenützt zu lassen. Wenn er in der Stadt war, so plante er, in welchen Badeort er reisen werde. War er im Badeort, so beschloß er einen Ausflug nach Marienruh, wo man die berühmte Aussicht hat. Saß er dann auf Marienruh, so nahm er den Fahrplan her, um nachzusehen, wie man am schnellsten wieder zurückfahren könne. Wenn er im Gasthof einen Hammelbraten verzehrte, studierte er während des Essens die Karte, was man nachher unternehmen könnte. Und während er den langsamen Wein des Gottes Dionysos hastig hinuntergoß, dachte er, daß bei dieser Hitze ein Glas Bier wohl besser gewesen wäre. So hatte er niemals etwas getan, sondern immer nur ein Nächstes vorbereitet. Und als er auf dem Sterbebett lag, wunderte er sich sehr, wie leer und zwecklos doch eigentlich dieses Leben gewesen sei." (Aus: Victor Auburtin, „Einer bläst die Hirtenflöte". Ausgewählte Feuilletons, Berlin 1940)

Es gibt ein nettes Wort, das ein sehr erfahrener Jesuit schon vor über 50 Jahren gesprochen hat und das auch heute noch gilt: „Haste nie und raste, dann ‚haste' nie Neurasthenie …"

Die richtige religiöse Einstellung

Das Folgende kann man auch einem erklärten Atheisten und einer ungläubigen Dame von Welt gegenüber betonen. Leute dieser Art sind versucht, einen religiösen Menschen zu verdummen. Das mögen sie tun, solange sie glauben, die Sinnfrage des Daseins ausschließlich von der Vernunft her beantworten zu können. Viele von uns wissen, wie bald der nur vernünftige Mensch am Ende ist mit seiner Weisheit.

Die religiöse Einstellung eines Menschen zaubert zwar die Schwierigkeiten nicht weg, aber man sieht sie richtig. Sie verlieren an Schärfe. Vor allem aber werden sie als ein selbstverständliches Durchgangsstadium im Reife- und Werdeprozeß eines Menschen entdeckt.

Der Mensch lebt vom und durch den *Widerstand*. Man kann nur Treppen steigen, weil die Stufe dem Steigenden Widerstand leistet. Das Boot im See kommt nur vorwärts, weil das Wasser dem Ruder Widerstand leistet. So ist der Berg nicht bloß ein häßliches Hindernis, sondern wird zu einer Stufe.

In diesem Sinne schreibt die blinde und taubstumme amerikanische Schriftstellerin Helen Keller (1880–1968): „Dem Reichtum unseres menschlichen Erlebens würde etwas vom Lohn der Freude verlorengehen, wenn wir keine Hindernisse zu überwinden hätten. Ohne das dunkle Tal und ohne den Aufstieg wäre die Gipfelrast nicht halb so herrlich."

Allmählich entdeckt man rückblickend, daß es nicht so wichtig ist, alle unsere Wünsche erfüllt zu sehen. Gott hat sich nicht verpflichtet, so für uns zu sorgen, daß es uns gut geht.

Es klingt zwar (im ersten Moment wenigstens) grausig und herzlos: Von Gott her gesehen ist es unwichtig, ob ich gesund bin oder krank, Erfolg habe oder nicht. Wichtig ist nur, daß ich nicht verlorengehe. Dazu hat sich Gott verpflichtet, alles zu tun, daß ein Mensch nicht für immer scheitert.

Das, liebe Leser, gibt letztlich Abstand, beseitigt atmosphärische Störungen und schafft jenes seelische Klima, in dem man sich auch an kleinsten Kleinigkeiten freuen kann. Dann wird das Leben nicht nur erträglich, sondern sogar *schön* und *heiter* – auch nach dem Urlaub.